Vente

ALLONGÉ

AVRIL 1896

Vente du Jeudi 23 Avril 1896

A DEUX HEURES ET DEMIE

HOTEL DROUOT, SALLE N° 6

Peintures, Aquarelles, Fusains, Pastels

PAR

ALLONGÉ

Par le ministère de **M⁰ Léon TUAL**, Commissaire-Priseur

56, RUE DE LA VICTOIRE

Assisté de **M. Georges MEUSNIER**, Expert près les Tribunaux de la Seine

27 ET 22, RUE SAINT-AUGUSTIN

Exposition publique

LE MERCREDI 22 AVRIL 1896

De 1 heure 1/2 à 5 heures 1/2

Conditions de la Vente

Elle aura lieu au comptant.

Les acquéreurs paieront **cinq pour cent** en sus des enchères.

MAULDE, DOUMENC et Cⁱᵉ, imp. de la Cⁱᵉ des Commissaires-Priseurs, rue de Rivoli. 144   1000-57978

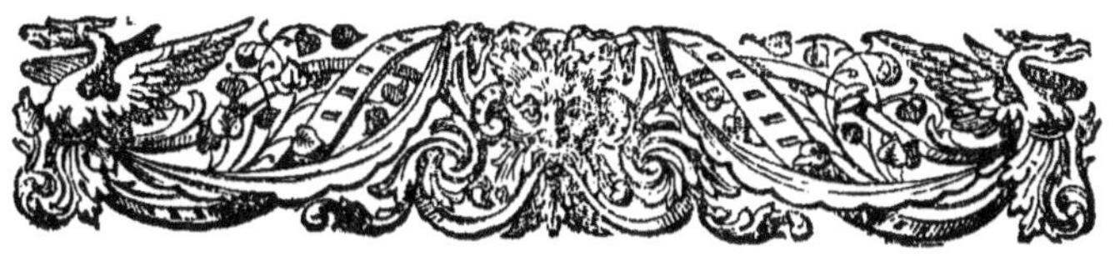

DESIGNATION

Peinture

1. *Les Bords du Loing, près Marlotte.*

   Salon de 1895.

2. *Le Soir en forêt.*

   Salon de 1895.

3. *La Route du Chêne Pinguet; Forêt de Fontainebleau.*

4. *La Mare aux Fées; Forêt de Fontainebleau.*

Aquarelles

7. *Dans le parc de Plombières (Vosges).*

8. *L'Hiver aux Ventes à la Reine;
Forêt de Fontainebleau.*

9. *Dans la Vallée de Jericault; Forêt de
Fontainebleau.*

10. *Charmes de la Mare aux Fées.*

11. *Les Bords du Loing (Seine-et-Marne).*

12. *Dans la Gorge aux Loups; Forêt de
Fontainebleau.*

13. *En Forêt.*

14. *Une Corde de bois.*

15. *Le Bornage de Marlotte.*

16. *Près de la route du Chêne Pinguet;
Forêt de Fontainebleau.*

17. *Printemps en forêt.*

18. *Un Sentier l'hiver.*

19. *Près du Garde de la Grande Vallée;
Forêt de Fontainebleau.*

20. *Hêtres à la descente de la Gorge aux
Loups.*

21. *Bruyères.*

22. *Givre.*

23. *Pendant la moisson.*

24. *Dans les choux.*

45. *Vente dans les hêtres.*

46. *Bouleaux.*

47. *Le Bignon.*

48. *Souvenirs de Beaulieu.*

49. *L'Étang des moineaux. Plombières (Vosges).*

Fusains

---

7. *Souvenir de Ballancourt.*

8. *Étude de hêtre.*

9. *Sentier en forêt.*

10. *La Vologne, près du saut des Cuves. Gérardmer.*

11. *L'Élevage en Normandie.*

12. *Souvenir de Beaulieu (Alpes-Maritimes).*

13. *Sous bois.*

14. *Le Soir.*

15. *Intérieur de cour.*

Pastels

---

1. *Route des Barnolets; Forêt de Fontainebleau.*

2. *Printemps.*

3. *Le Soir sur la Seine.*

4. *Sous bois.*

5. *Paysage.*

IMPRIMERIE MAULDE ET RENOU

MAULDE, DOUMENC & Cie

IMPRIMEURS DE LA COMPAGNIE DES COMMISSAIRES PRISEURS

Rue de Rivoli, 144